Marcelo Lucas Ribeiro de Oliveira

MARKETING JURÍDICO NA ERA DIGITAL
Não tenha clientes. Conquiste Audiência

Código de Ética comentado e instruções práticas para divulgar seu trabalho na advocacia

Copyright © 2021 Marcelo Lucas Ribeiro de Oliveira/Digital Classe A – Todos os direitos reservado

Nenhuma parte desta obra pode ser reproduzida, transmitida ou arquivada de nenhuma forma ou por nenhum meio sem a permissão expressa e por escrito do autor.

EDITOR Marcelo Lucas R. de Oliveira
CAPA Marcelo Lucas R. de Oliveira
REVISÃO DE CONTEÚDO Deila de Oliveira Lopes
REVISÃO ORTOGRÁFICA Aparecida Ribeiro Junqueira

Oliveira, Marcelo Lucas Ribeiro. Marketing Jurídico: Não procure clientes. Conquiste Audiência. Código de Ética comentado e instruções práticas para divulgar seu trabalho na advocacia. Belo Horizonte: Digital Classe A, 2021.

    1.Direito   2.Marketing jurídico 3.Publicidade 4.Propaganda

https://www.treinandoparaprova.com.br/

marcelolucas.advocacia@gmail.com

https://t.me/treinandoparaprova

https://www.instagram.com/treinandoparaprova

https://www.facebook.com/advocaciaclassea

AGRADEÇO a Deus pela minha vida e Salvação;. agradeço a minha mãe e a minha esposa pelo apoio e excelente trabalho de revisão ortográfica e de conteúdo. Sendo que eventuais erros que persistam são de inteira responsabilidade do autor. Ainda agradeço a meus familiares, tios, tias que sempre estenderam a mão para me ajudar. Mas não poderia deixar de citar meu tio Cássio Alexandre Dutra Junqueira, que sempre me incentivou em meus estudos e carreira, e fica a ele o meu agradecimento especial pelos livros que me presenteou, livros caros que não teria a menor condição de adquirir durante a graduação. Que Deus retribua a todos o carinho que dispensaram e dispensam a mim.

DEDICO esta obra a minha Mãe, Aparecida Ribeiro Junqueira, que sempre esteve ao meu lado e me proporcionou condições de chegar até aqui, mas acima de tudo me ensinou o caminho que devia andar (Provérbios 22.6); e a minha esposa, Deila de Oliveira Lopes, que se não fosse pelo seu apoio e incentivo jamais teria concretizado tal projeto. Louvado seja Deus pela vida delas.

SUMÁRIO

INTRODUÇÃO
A advocacia no Brasil e sua não mercantilização

AS RESTRIÇÕES A PUBLICIDADE NA ADVOCACIA
Meios de publicidade vedados – Art. 40 do CED
Instigar a litigância – Art. 41 do CED
Restrições ao advogado – Art. 42 do CED

PARTICIPAÇÃO NOS MEIOS DE COMUNICAÇÃO DE MASSA

MATERIAL DE DIVULGAÇÃO

A "PUBLICIDADE" PERMITIDA

"PUBLICIDADE" POR MEIO ELETRÔNICO

NÃO TENHA CLIENTES. CONSTRUA AUDIÊNCIA
Internet, o maior shopping do mundo
Estamos abandonado a advocacia?
Estabelecendo autoridade
Linha editorial
Regularidade

CONSIDERAÇÕES FINAIS: O "ADMIRÁVEL MUNDO NOVO" DA INTERNET

SOBRE O AUTOR

INTRODUÇÃO

A presente obra surgiu a partir da percepção de que inúmeros colegas e eu mesmo saímos da faculdade totalmente despreparados para atuar na advocacia, em especial na divulgação do nosso trabalho, isso no início do ano de 2016, quando fui aprovado no Exame da Ordem em janeiro daquele ano, logo após me formar em dezembro do ano anterior.

Atualmente ministro aulas de Ética e algumas outras disciplinas, em curso preparatório para OAB (o Treinando para Prova: www.treinandoparaprova.com.br). Percebi, assim, que havia muitas dúvidas sobre a publicidade na advocacia, tanto nas questões teóricas para resolver a prova da OAB como no dia a dia da profissão, por isso resolvi escrever este livro.

Nesta obra procuro expor de maneira clara e simples todas as restrições e as poucas permissões que o Código de Ética e Disciplina da OAB nos impõe. Contudo meu maior objetivo é deixar o caro leitor e colega advogado(a) ciente de que a publicidade jurídica ou marketing jurídico não se limita a tais restrições e permissões; para entendermos isso vamos precisar examinar alguns aspectos, quais sejam: o que é, ou como é vista a advocacia no ordenamento jurídico brasileiro; o que seria a mercantilização da advocacia e qual o motivo de ser vetada pelo CED e por fim entender a questão da proibição de capitação de clientes, tudo isso previsto no Art. 39 do Código de Ética e Disciplina da OAB (CED).

> Art. 39. A publicidade profissional do advogado tem caráter meramente

informativo e deve primar pela discrição e sobriedade, **não podendo configurar captação de clientela ou mercantilização da profissão.**

A advocacia no Brasil e sua não mercantilização

Certamente você sabe que no Brasil a advocacia não é considerada atividade empresarial por força do parágrafo único do Art. 966 do Código Civil, que exclui as atividades intelectuais das empresariais.

Perceba que isso é meramente uma convenção, não há uma característica fática que determine se uma atividade é ou não empresarial. Vejamos o conceito econômico de empresa:

> organização individual ou coletiva, pública ou privada, que visa a obtenção de lucros através da produção de bens ou serviços; firma[1]

Percebam que a empresa é aquela organização prestadora de serviços ou fornecedora de produtos com fins lucrativos, se não fosse o dispositivo do Código Civil citado nada impediria que atividades intelectuais e as demais elencadas nele se configurassem como empresas. Ou seja, a advocacia, exercida individualmente ou em sociedade, possui sim fins lucrativos através da prestação de um serviço, ela só não é uma atividade empresarial por força de Lei.

Mas o que isso influencia na prática? Bom essa pergunta é essencial para nós, pois publicidade está diretamente atrelada a atividades

---

[1] Fonte: https://ciberduvidas.iscte-iul.pt/consultorio/perguntas/a-definicao-da-palavra-empresa/24084#:~:text=A%20palavra%20empresa%20(do%20latim,realiza%C3%A7%C3%A3o%3B%20empreendimento%3B%20projecto%C2%BB.

empresariais, não sendo, ao menos no Brasil, aceitável que atividades não empresariais realizem publicidade. Mas como se define publicidade? Para efeitos jurídicos e compreensão das nossas questões, publicidade é a divulgação com intuito de obter clientes, ou seja, pessoas que pagarão pelo produto ou serviço. Como a advocacia não é considerada uma atividade empresarial não é possível fazer publicidade.

Bom vimos então que a advocacia não é uma atividade empresarial e, portanto, não é permitido que faça publicidade; com isso o caro leitor(a) deve estar penando que o livro termina aqui; mas não.

Embora esteja correto dizer que não é permitido se fazer publicidade na advocacia, isso não significa que estamos impedidos de divulgar nosso trabalho e serviços, a vedação pela lógica que expusemos, por não ser uma atividade empresarial, não impede a divulgação não publicitária da advocacia.

Mas antes de vermos em que consiste essa divulgação não publicitária é importante deixarmos claro como a advocacia é vista e definida em nosso ordenamento jurídico.

No Artigo 133 da Constituição da República Federativa do Brasil (CRFB) a advocacia é colocada como indispensável à administração da justiça, figurando como uma das Funções Essenciais à Justiça, significa dizer que mesmo a advocacia privada é equiparada a uma função de Estado e não mercantil, sendo o ofício do advogado(a) uma atividade atrelada à garantia dos Direitos do cidadão, sendo assim o legislador entendeu que esse tipo de atividade não deveria se sujeitar às regras de mercado.

Contudo isso só acontece na teoria pois na prática todos nós advogados temos que lidar com as variações do mercado. E se não é uma atividade empresarial, mercantil por que ainda temos clientes e não assistidos ou qualquer outra nomenclatura?

Muito bem, agora que já entendemos como a advocacia é compreendida, somos capazes de entender o que a Lei quer dizer quando veta a mercantilização e capitação de clientes.

A ideia é que a advocacia sirva ao cidadão e promova a justiça como previsto na CRFB, bem como as demais funções elencadas como essenciais, por esse motivo a OAB buscou limitar a as ações publicitárias dos advogados, o problema é que tais limitações chegam a ser completa proibição como veremos nos capítulos a seguir.

Seguindo esse raciocínio veremos como podemos divulgar nosso trabalho sem configurar a mercantilização ou capitação de cliente, mas para isso será preciso mudar um pouco a forma de pensarmos, pois como não podemos captar clientes, devemos agora CAPTAR AUDIÊNCIA, ou como se diz na era das redes sociais: GANHAR SEGUIDORES.

Portanto caro leitor, entenda bem quais são as restrições (que realmente são muitas e excessivas na minha humilde opinião) e creio que ao longo dos capítulos você terá várias ideias de como conquistar sua audiência e assim divulgar seu trabalho, sempre com o objetivo de informar e fazer da advocacia seu negócio e um meio para contribuir com a sociedade.

E não pense que isso é papo furado motivacional ou marketeiro, na verdade é uma regra de mercado, pois a observação dos casos de sucesso comprova que a remuneração recebida é proporcional ao valor que geramos para as pessoas, levando-as a se disporem a nos pagar pelos nossos serviços.

Então vamos a análise detalhada das restrições para que no capítulo 6 possamos falar mais de como divulgar nossos serviços.

AS RESTRIÇÕES A PUBLICIDADE NA ADVOCACIA

Para fins didáticos e com o objetivo de facilitar a nossa análise, vamos seguir a sequencia do Código de Ética, comentando as restrições na ordem em que aparecem.

Meios de publicidade vedados – Art. 40 do CED

Art. 40. Os meios utilizados para a publicidade profissional hão de ser compatíveis com a diretriz estabelecida no artigo anterior, sendo vedados:
I - a veiculação da publicidade por meio de rádio, cinema e televisão;
II - o uso de outdoors, painéis luminosos ou formas assemelhadas de publicidade;
III - as inscrições em muros, paredes, veículos, elevadores ou em qualquer espaço público;

IV - a divulgação de serviços de advocacia juntamente com a de outras atividades ou a indicação de vínculos entre uns e outros;

V - o fornecimento de dados de contato, como endereço e telefone, em colunas ou artigos literários, culturais, acadêmicos ou jurídicos, publicados na imprensa, bem assim quando de eventual participação em programas de rádio ou televisão, ou em veiculação de matérias pela internet, **sendo permitida a referência a e-mail;**

VI - a utilização de mala direta, a distribuição de panfletos ou formas assemelhadas de publicidade, **com o intuito de captação de clientela.**

PARÁGRAFO ÚNICO. Exclusivamente para fins de identificação dos escritórios de advocacia, é permitida a utilização de placas, painéis luminosos e inscrições em suas fachadas, desde que respeitadas as diretrizes previstas no artigo 39.

Eu sei, ao ler esse artigo temos a impressão de que não há o que fazer. Mas calma; lembre-se do que trabalhamos no capítulo anterior. A lógica dessas restrições é a não mercantilização da advocacia, tanto que o inciso primeiro proíbe a veiculação de "publicidade" nos meios de comunicação em massa; portanto não podemos fazer publicidade, propaganda, marketing. Contudo, é possível divulgar sem que configure propaganda.

Vamos analisar mais detidamente os pontos que destaquei.

No inciso II fica proibido o uso de "outdoors", painéis luminosos e formas semelhantes, claro que aqui a OAB busca novamente proibir a veiculação de publicidade, tanto que no parágrafo único abra-se uma exceção para o uso de placas e pintura de fachada dos locais de trabalho, ou seja, aquela grande se o uso da placa na porta do escritório ou na fachada do prédio viola o CED fica respondida como não viola.

Entretanto, é importante esclarecer uma coisa, as legislações municipais costumas estabelecer os tamanhos de placas que podem ser usados, caso a placa do seu escritório exceda esse limite o conselho seccional poderá entender que a sua placa resta caracterizada como um "outdoor", portanto passaria a ser uma publicidade. Eu sei que é meio absurda essa hipótese, mas não posso deixar de colocar isso para você.

Portanto a placa e a fachada do seu escritório poderão servir para divulgar seu trabalho, colocando suas áreas de atuação, horário de atendimento, número do celular/whatsapp, seu site e/ou e-mail.

Apenas um rápido conselho, cuidado com informações demais, cores demais e principalmente seja claro, lembre que nem todos entendem, por exemplo, o que é "Direito Sucessório" ou "Direito Falimentar", use termos mais corriqueiros para que seus potenciais clientes o identifiquem de maneira mais fácil.

No inciso IV há uma restrição que parece incontornável, sendo que em parte é sim, contudo o código veta o anuncio em conjunto com atividades empresariais, não diz nada sobre outras atividades como escritor, professor, voluntário; em todos esses ofícios que não configuram atividades mercantis poderão figurar em seu cartão de visita, site e currículo. Ou seja, se você é professor, exerce uma atividade voluntária pode usar disso para divulgar o seu trabalho, desde que esteja agregando alguma informação àquele público, como uma consultoria gratuita, uma aula ou dicas sobre Direito.

O inciso V é um dos que vejo como um dos mais abusivos, como vimos anteriormente, embora a OAB queira evitar a mercantilização da profissão, a advocacia privada possui todas as características de uma atividade empresarial e, infelizmente, o advogado precisa lidar com todas as dificuldades do mercado.

O referido inciso veta a veiculação de endereço, telefone e outros dados que poderiam levar um potencial ciente a você em artigos que por ventura você publique na mídia, seja em revistas, jornais e outros veículos midiáticos, permitindo apenas o e-mail.

Nesse caso sugiro que caso você tenha um espaço desses verifique o público que consome as suas produções e dê atenção a isso, entregando para seu público o melhor conteúdo possível, além disso procure publicar em veículos cujo o público esteja alinhado com suas áreas de especialidade, assuntos que você domina bem; pois caso você conquiste essa audiência, certamente ela irá te procurar quando precisar de serviços jurídicos.

 Por fim o inciso VI veta o uso de mala direta, panfletos e formas semelhantes para captação de clientes; contudo não impede que esporadicamente você envie algum material informativo, lembrando que nesse material poderá ter apenas o seu e-mail, ou pode enviar um e-mail; você pode criar em seu site uma maneira da sua audiência se inscrever para receber artigos seus por e-mail, nos quais você dará informações sobre a sua área de atuação.

Instigar a litigância – Art. 41 do CED

Essa restrição prevista no Artigo 41 me parece razoável, pois em nenhuma intervenção, seja escrita, falada ou mesmo em particular, não é de bom tom que o advogado instigue os cidadãos ao litígio.

> Art. 41. As colunas que o advogado mantiver nos meios de comunicação social ou os textos que por meio deles divulgar não deverão induzir o leitor a litigar nem promover, dessa forma, captação de clientela.

A própria lei impões como obrigação a todos os atores jurídicos a busca pela conciliação, vejam o Artigo 3º, §3º do Código de Processo Civil.

> Art. 3º
> ...

> § 3º A conciliação, a mediação e outros métodos de solução consensual de conflitos deverão ser estimulados por juízes, advogados, defensores públicos e membros do Ministério Público, inclusive no curso do processo judicial.

Contudo, um questionamento me vem a mente e talvez a sua, caro leitor, quando há uma consultoria e após toda a análise do caso e até mesmo a tentativa frustrada de contato com a parte adversa para tentar um acordo, chega-se a conclusão de que a única opção é o litígio judicial, isso ainda configuraria com instigação ao litigio?

Por certo não, me parece que aqui a OAB busca coibir as atitudes beligerantes, quando um advogado vai a público ou publica algum texto tentando convencer o maior número possível de pessoas a ingressarem com determinada ação, não se trata de uma consulta específica. O conselho que dou é que quando precisar se manifestar para um grande publico sobre algum tema, sempre use expressões como: "apenas mediante uma análise detalhada seria possível dizer qual o melhor caminho, contudo advirto que sempre é necessário a busca pela conciliação"; assim você desconfigura a instigação ao litígio.

Restrições ao advogado – Art. 42 do CED

Embora essas restrições não são efetivamente de marketing, elas afetam plenamente a divulgação dos nossos serviços.

Sendo a advocacia um serviço, na maioria das vezes personalíssimo, ou seja, o cliente contrata não uma empresa prestadora de serviços, mas o próprio prestador, salvo quando se trata de grandes escritórios, associações e sindicatos que prestam serviços jurídicos; portanto as restrições a nós advogados são extremamente relevantes para a divulgação dos nossos serviços, assim vamos analisar detidamente tais restrições.

> Art. 42. É vedado ao advogado:
> I - responder com habitualidade a consulta sobre matéria jurídica, nos meios de comunicação social;
> II - debater, em qualquer meio de comunicação, causa sob o patrocínio de outro advogado;
> III - abordar tema de modo a comprometer a dignidade da profissão e da instituição que o congrega;
> IV - divulgar ou deixar que sejam divulgadas listas de clientes e demandas;
> V - insinuar-se para reportagens e declarações públicas.

O inciso I proíbe que o advogado responda de forma habitual a questionamentos jurídicos nos meios de comunicação, aqui temos um problema com os quadros em que advogados participam, contudo percebam que a proibição recai sobre a habitualidade, sendo perfeitamente possível que um advogado participe esporadicamente para falar sobre algum assunto pontual. Aqui a ideia é evitar que um advogado tenha influência sobre as pessoas por meio de sua popularidade.

Não posso deixar de compartilhar com você leitor o meu receio de que essa proibição em algum momento seja estendida às redes sociais, sendo assim o meu conselho é que nossas atividades nas redes sejam no sentido de educação, sempre sobre as disciplinas jurídicas e dúvidas específicas sobre casos concretos sejam feitos em privado, seja por comunidades fechadas nas redes sociais, grupos privados nos aplicativos de mensagens ou mesmo de maneira particular por qualquer meio de comunicação.

A segunda restrição me parece coerente, pois não me parece de bom tom que um advogado exponha seus clientes, claro que quando se comenta a própria experiência estamos nos embasando em casos que patrocinamos, contudo a proibição aqui é de que se forneça elementos que identifiquem a causa como nomes, detalhes fáticos e outros dados; e obviamente não devemos dar nenhuma entrevista ou declaração sobre os casos que patrocinamos.

A terceira restrição é bem abrangente e de interpretação muito aberta, tenho minhas reservas quando a lei usa essas expressões indefinidas, quais seriam esses temas que comprometem a dignidade da profissão? Percebam que aqui existe um espaço para os conselhos da OAB interpretarem, podendo assumir qualquer coisa como atentatório a dignidade da advocacia. Sendo assim o meu conselho é apenas para que evitem comentar episódios polêmicos em suas atuações nas redes e se restrinjam a divulgar o conhecimento jurídico.

A quarta restrição também me parece bem lógica, muito embora que em nossos dias não há muito mais sigilo de dados e se consegue de maneira relativamente fácil os dados das pessoas, essa restrição é algo obvio que deveria ser observado por qualquer profissional. Essa restrição em nada interfere, a meu ver, na divulgação do nosso trabalho e serviços.

Por ultimo o CED veta que nós advogados nos insinuemos para entrevistas e reportagens, ou seja, o advogado não deve se oferecer para aparecer nos meios de comunicação em massa. Aqui é importante dizer a você caro leitor e colega, que quanto mais você publicar textos em seu site ou blog, vídeos em seu canal do YouTube, entre outras postagens em suas redes sociais que realmente são relevantes e agreguem conhecimento, você se tornará uma autoridade dentro dos assuntos que você aborda, isso com o tempo se tornará cada vez mais notório e você terá suas oportunidades.

PARTICIPAÇÃO NOS MEIOS DE COMUNICAÇÃO DE MASSA

Perceba caro leitor que mesmo com todas as restrições o CED ainda permite a participação do advogado em programas midiáticos, contudo as restrições se mantêm; vejamos o artigo:

> Art. 43. O advogado que eventualmente participar de programa de televisão ou de rádio, de entrevista na imprensa, de reportagem televisionada ou veiculada por qualquer outro meio, para manifestação profissional, deve visar a objetivos exclusivamente ilustrativos, educacionais e instrutivos, sem propósito de promoção pessoal ou profissional, vedados pronunciamentos sobre métodos de trabalho usados por seus colegas de profissão.
>
> Parágrafo único. Quando convidado para manifestação pública, por qualquer modo e forma, visando ao

esclarecimento de tema jurídico de interesse geral, deve o advogado evitar insinuações com o sentido de promoção pessoal ou profissional, bem como o debate de caráter sensacionalista.

Algumas cosias devem ser pontuadas:

a) Objetivo educativo: sempre que um advogado participar de qualquer programa midiático, sua participação deve ter o caráter educativo, não podendo jamais configurar propaganda com o objetivo de captar clientes. Aqui segue-se o princípio que comentamos desde o começo, a advocacia é vista como atividade intelectual e de caráter público, sendo assim é de se esperar esse tipo de restrição. Mas aí fica ainda mais evidenciada a importância de nós advogados publicarmos sempre conteúdos nas redes socias, sites e blogs para que estejamos sempre atualizados e quando participarmos de programas midiáticos ou conseguirmos falar com muitas pessoas possamos apresentar sempre informações da mais alta relevância, o que naturalmente irá gerar nos ouvintes interesse em nossos serviços.

b) Promoção pessoal: embora seja vedada a promoção, se agirmos como disse anteriormente, com segurança e divulgando conhecimento relevante, estaremos indiretamente fazendo a nossa promoção profissional, perceba que o CED veda uma ação direcionada ao fim de promoção pessoal, mas sendo esse um efeito secundário de nossa atitude não há nenhuma restrição.

c) Pronunciar sobre métodos de colegas: essa restrição me parece correta, pois aqui busca-se evitar que um advogado se promova ao criticar o trabalho de outro, além disso não é correto tecer críticas a colegas seja na profissão que for.

d) Debate sensacionalista: no parágrafo único são repetidas as restrições do "caput" e acrescentado a proibição de debate sensacionalista; essa restrição me parece um pouco exagerada, até mesmo o texto ficou repetitivo, dando a impressão de quem nem mesmo quem elaborou tinha clareza do objetivo desta norma; contudo podemos extrair que está se buscando evitar a promoção pessoal e profissional do advogado por meio de polêmicas. Neste caso aconselho que o caro leitor e colega evite se envolver em debates polêmicos inclusive nas redes sociais. Embora esse artigo se refira a participação em programas midiáticos imagino que em breve será estendido às redes sociais, pois a atenção que em décadas passadas era destinada a TV e rádio, fazendo com que fossem denominados "meios de comunicação em massa"; hoje essa mesma atenção é destinada a internet, em especial às redes sociais, portanto não se assustem se em breve o texto for alterado ou se aplicar por analogia.

Por fim, preciso apenas pontuar que embora o texto se refira a mídia tradicional, pouco estou interessado nela, isso devido ao que falei anteriormente, atualmente a atenção das pessoas está na internet e não na TV ou rádio, nem mesmo jornais impressos, hoje em dia se assiste, ouve e se lê pela internet.

MATERIAL DE DIVULGAÇÃO

Diante de tantas restrições, tradicionalmente os advogados acabaram restringindo sua divulgação aos cartões de visita e as indicações de clientes, sendo que nossa geração herdou tal postura.

Contudo até isso é regulamentado pelo Código de Ética e Disciplina (CED), ou seja, não é qualquer informação que podemos colocar em nossos cartões.

> Art. 44. Na publicidade profissional que promover ou nos cartões e material de escritório de que se utilizar, o advogado fará constar seu nome ou o da sociedade de advogados, o número

ou os números de inscrição na OAB.

§ 1º Poderão ser referidos apenas os títulos acadêmicos do advogado e as distinções honoríficas relacionadas à vida profissional, bem como as instituições jurídicas de que faça parte, e as especialidades a que se dedicar, o endereço, e-mail, site, página eletrônica, QR code, logotipo e a fotografia do escritório, o horário de atendimento e os idiomas em que o cliente poderá ser atendido.

§ 2º É vedada a inclusão de fotografias pessoais ou de terceiros nos cartões de visitas do advogado, bem como menção a qualquer emprego, cargo ou função ocupado, atual ou pretérito, em qualquer órgão ou instituição, salvo o de professor universitário.

Neste tópico precisamos focar nas proibições e algumas contradições que esse artigo revela:

a) Fotografias: provavelmente a proibição de se colocar fotos pessoais se refere a material de escritório, como folhas e informativos, pois me parece que a própria estética já impede a sua utilização em cartões de visita. Entretanto é permitido o uso da imagem do escritório pelo parágrafo 1º; essa autorização mostra como a ideia de que a advocacia não é empresarial é algo artificial, se de fato não devêssemos considerar aspectos mercadológicos não poderíamos usar fotos, nem mesmo logotipos.

b) Menção a emprego, cargo ou função: por essa norma busca-se evitar que o advogado, se valendo de cargos que ocupa, em especial os públicos, tente induzir as pessoas a contratarem seus serviços. Novamente vemos a visão obtusa sobre a advocacia e sobre as pessoas, como se elas não tivessem o direito e condições de escolher o que é melhor, inclusive levando em consideração o currículo do advogado. Outro ponto estranho é a permissão do paragrafo 1º quanto a menção a instituições a que o advogado está vinculado, claro que aqui está relacionado a cartões e outros materiais que trazem a logo e o nome do escritório, faculdade ou mesmo órgão público em que o advogado atue, contudo, se pode-se usar a instituição, qual o motivo de não poder mencionar o cargo? Não consigo ver o motivo. Ainda mis quando se autoriza mencionar o cargo de professor universitário. Nesse caso aconselho que usem apenas o escritório mesmo em que trabalham e o próprio nome, indicando os dados de contato, endereço e demais como de "praxe".

A "PUBLICIDADE" PERMITIDA

Não foi sem motivo que coloquei a palavra publicidade entre aspas. O caro leitor irá perceber pela simples leitura do artigo que a "publicidade" permitida pelo artigo 45 trata-se de simples divulgação, pois as restrições impostas, a meu ver, impedem que tais práticas sejam consideradas como publicidade.

> Art. 45. São admissíveis como formas de publicidade o patrocínio de eventos ou publicações de caráter científico ou cultural, assim como a divulgação de boletins, por meio físico ou eletrônico, sobre matéria cultural de interesse dos advogados, desde que sua circulação

fique adstrita a clientes e a interessados do meio jurídico.

O artigo transcrito permite que a advocacia seja divulgada através de eventos e publicações culturais, como simpósios, palestras, seminários, revistas acadêmicas, revistas informativas, entre outros; entretanto as restrições impostas acabam transformando isso em um serviço, não em uma publicidade, pois não servirá para capitação de clientes e sim para divulgação do seu trabalho.

Vejam como o artigo é taxativo, a circulação deve ser restrita a clientes e interessados, ou seja, não pode ser direcionada ao grande público. Contudo, atualmente temos a internet e o marketing digital que pode nos ajudar.

Para que esse tipo de atividade te ajude a divulgar mais amplamente seu trabalho é possível utilizar ferramentas de captação de contatos (no marketing são chamados de "leads"), pessoas vão te entregar dados como nome, e-mail e telefone, possibilitando que você envie seu textos publicados em seu blog ou site, envie seus vídeos, e oportunamente envie um convite para participar de um evento pago, cursos online, além de poder em algum momento ser procurado por esses contatos para prestar serviços advocatícios[2].

ATENÇÃO! Você não pode em momento nenhum oferecer os serviços advocatícios, você deve divulgar seu conhecimento, sua expertise, não a advocacia. Lembre-se do que falei anteriormente: "a advocacia não pode ser mercantilizada", não há restrições para as atividades periféricas.

---

[2] Há inúmeros cursos sobre marketing digital disponíveis, uso as plataformas Hotmart (https://www.hotmart.com/pt-BR) e Udemy (https://www.udemy.com/).

"PUBLICIDADE" POR MEIO ELETRÔNICO

O Artigo 46 apenas diz que a publicidade, que aqui chamamos de divulgação, feita pela internet, deve seguir os mesmos princípios.

Art. 46. A publicidade veiculada pela internet ou por outros meios eletrônicos deverá observar as diretrizes estabelecidas neste capítulo.

Parágrafo único. A telefonia e a internet podem ser utilizadas como veículo de
publicidade, inclusive para o envio de mensagens a destinatários certos, desde que estas não impliquem o oferecimento de serviços ou representem forma de captação de clientela.

Aqui nos importa compreender que essa publicidade por meio eletrônico encampa e-mails, redes sociais, mensagens de aplicativos como whatsapp e similares, bem como SMS e, por força do parágrafo único, as ligações telefônicas. Assim sendo é importante observar que nenhum desses meios pode configurar captação de clientes para a advocacia, contudo pode sim ser captura de contato como disse anteriormente e vamos falar mais um pouco no próximo e ultimo capítulo.

NÃO TENHA CLIENTES. CONSTRUA AUDIÊNCIA

Como vimos não é possível captar clientes para a advocacia, sendo assim é necessário se adaptar às normas do CED. Mas nos últimos anos o marketing digital se desenvolveu de maneira impressionante e foram criadas inúmeras ferramentas e plataformas que podemos usar para divulgar nosso trabalho e, de maneira indireta, nossos serviços advocatícios. Vamos ver alguns conceitos importantes disso.

Internet, o maior shopping do mundo

Não sei caro leitor como está o seu conhecimento do marketing digital, portanto vou explicar em detalhes.

A internet é uma ferramenta, portanto não é uma finalidade em si mesma, deve ser usada para alguma finalidade. Contudo, gosto de comparar a internet a um gigantesco shopping, e sem medo nenhum posso dizer que é o maior shopping do mundo, e como todo shopping, ela comporta todo tipo de serviço: entretenimento, alimentação, informação, lojas de todos os segmentos. Mas a internet tem uma vantagem que nenhum shopping possui: todos nós temos condições de mostrar nossos serviços e produtos, e o melhor, sem pagar aluguel ou condomínio.

Mas o mais importante do shopping é que atrai muitas pessoas e é exatamente isso que a internet vem fazendo, pesquisas[3] mostram que a atenção da maioria das pessoas ao redor do mundo está no digital e não na TV, rádio ou mídias impressas, como já disse e repito: "hoje lemos, assistimos e ouvimos tudo online"; inclusive surgiram novas formas de rádio, como as web rádios e podcasts.

---

[3] Uso da internet no Brasil:
https://agenciabrasil.ebc.com.br/geral/noticia/2020-05/brasil-tem-134-milhoes-de-usuarios-de-internet-aponta-pesquisa#:~:text=Atualizado%20em%2026%2F05%2F2020,a%20134%20milh%C3%B5es%20de%20pessoas.&text=Mas%20os%20dados%20da%20pesquisa,%25)%20e%20rural%20(53%25).
Uso da internet no mundo:
https://news.un.org/pt/story/2019/11/1693711#:~:text=O%20uso%20da%20Internet%20continua,continuam%20exclu%C3%ADdas%20da%20comunica%C3%A7%C3%A3o%20online.

Portanto é inegável que a internet é uma ferramenta poderosa para a divulgação de qualquer serviço, produto ou informação, portanto nós advogados não podemos estar de fora.

Mas afinal, como usar a internet sem ferir o Código de Ética e Disciplina da OAB? Para isso precisamos retomar aquela ideia de que não podemos captar clientes para a advocacia, mas não temos restrições para captar "leads", que são contatos, audiência; e o grande poder do marketing como um todo está na audiência, quanto mais se é visto, lido e ouvido, mais temos chance de vender.

Lembrando que não podemos anunciar a advocacia, portanto nosso foco é em oferecer alguma informação, formação ou qualquer outro conteúdo relevante e que nos leve a sermos vistos como bons advogados; sendo que nessa divulgação usamos meios de captação dos contatos para que possamos oferecer cursos, livros, inscrições em eventos gratuitos e por fim, criamos em nossos contatos a percepção de que somos autoridades em nossas especialidades de atuação na advocacia, levando-os a confiar em nós para uma eventual atuação como advogados.

Estamos abandonado a advocacia?

Talvez o leitor esteja estranhando nossas colocações em dizer que devemos anunciar outros serviços diversos da advocacia, mas entenda, o anuncio direto da advocacia não é permitido para que essa não seja caracterizada como atividade mercantil ou empresarial. Acredito que isso irá mudar nos próximos anos, mas até que isso mude precisamos trabalhar desta forma.

Contudo não se trata de abandonar a advocacia, mas sim de divulgar os bastidores, pois para sermos bons advogados estamos sempre estudando e aprimorando nossas habilidades, é exatamente esse conhecimento que vamos compartilhar com nossos potenciais clientes na advocacia. Mas também sugiro que transformem esse conhecimento em ativos, seja em formato de livro, físico ou digital, em formato de cursos, palestras, seminários, simpósios, entre outros; essas atividades irão gerar renda e principalmente irão gerar autoridade perante sua audiência.

Estabelecendo autoridade

Estabelecer autoridade é um dos elementos mais importantes do marketing digital, mas o que significa isso? Será que meu diploma já não é suficiente? E minha pós?

Lamento caro leitor e colega advogado(a), mas a resposta é não. Inúmeros advogados se formam anualmente, ou melhor, são aprovados no exame de ordem e iniciam suas carreiras na advocacia, os serviços de advogados, exatamente pelo elevado número de profissionais, vem sendo cada vez mais barateado, portanto a autoridade precisa ser estabelecida de outra maneira.

Infelizmente é muito comum em nosso país pensar exatamente assim, se eu tenho um título, um diploma, um cargo, isso me dá autoridade. Contudo o que estamos vendo, em grande medida por conta da internet que capilarizou o conhecimento, isso já não é verdade, fenômeno que muito me agrada.

Atualmente a autoridade é estabelecida na relação entre aquilo que publicamos (redes sociais, livros, artigos e outras produções) e a percepção da nossa audiência, ou seja, quanto mais publicamos conteúdo e nossa audiência consome esse conteúdo percebendo que há nele valor para elas, nossa autoridade é estabelecida. Em outras palavras, a autoridade é a percepção da audiência sobre nossa atuação profissional, quanto mais essa percepção é compartilhada maior se torna nossa autoridade.

Mas atenção! Cuidado para não tomar o conceito de autoridade apresentado como sendo apenas numérico, nada mais equivocado. Não se trata de números, mas de percepção objetiva da qualidade do conteúdo publicado, essa qualidade atestada é que gera a sua autoridade.

Portanto comece a publicar seu conhecimento acumulado e adquirido recentemente já.

Linha editorial

Mas agora que sabemos que precisamos de audiência e de que essa audiência perceba nossa autoridade, devemos entender como realizar essa publicação para alcançar esses objetivos.

Existe no marketing digital a chamada linha editorial. Antes de continuarmos, é preciso fazer um reparo, aqui estamos tratando do chamado "marketing de conteúdo", existem outros métodos de marketing digital, aqui estamos tratando dessa modalidade por entendermos ser a mais adequada ao meio jurídico, contudo nada impede que você estude e busque aplicar outros métodos.

Mas o que é e como definir minha linha editorial? Pois bem, conceitualmente não precisamos nos deter pois a expressão é autoexplicativa, linha editorial é o eixo central que norteia todo seu conteúdo a ser publicado.

Não se trata de publicar só um assunto, mas determinar em que área você deseja ter autoridade, aqui podemos pensar em uma matéria do Direito ou em uma determinada atuação. Por exemplo: vejo advogados na internet vendendo cursos de oratória, outros cursos de como se comportar em audiências, outros que falam sobre Direito autoral, civil, penal, entre outras coisas; esses assuntos são o norte da linha editorial; somado a isso você precisa definir qual será sua principal publicação, será um vídeo aula (como é meu caso), será um vídeo de curiosidade, será um vídeo de perguntas e respostas, entrevistas, enfim, como vai comunicar o seu conhecimento à sua audiência. Essa é sua linha editorial: assunto maior ou norteador, mais a forma principal, disso pode derivar outras publicações menores, como citações em imagens para redes sociais de fotos, pequenos trechos do vídeo, entre outras cosias.

Outra coisa importante é definir qual será a principal plataforma, será seu site ou blog, será uma rede social, será o YouTube. Com esses três pontos claramente definidos (assunto principal, formato principal e plataforma principal), você pode agora ir criando seu conteúdo maior e os menores derivados.

Por fim, preciso dizer que os conteúdos menores podem ter dois objetivos: atrair nova audiência e/ou direcionar sua audiência ao conteúdo principal.

Agora, mãos a obra, defina esses pontos e comece já a produzir e publicar conteúdo para sua audiência.

Regularidade

Bom, até aqui tudo certo; mas aí o caro leitor e colega me pergunta: se eu não tenho audiência, como faço?

Confesso que por um tempo também não entendi esse conceito, mas por experiência própria vi que o maior trunfo na construção de audiência é a regularidade.

Não que você precise realizar postagens todos os dias, mas estabelecer dias e um determinado conteúdo com o qual sua audiência possa contar, essa regularidade faz com que as pessoas assinem seu site/blog ou seu canal do YouTube, ou te sigam no Instagram, ou seja, a regularidade em produzir e postar conteúdo cria uma relação entre você e sua audiência.

Repito, não precisa ser diária, mas ao menos uma vez por semana, de preferência no mesmo horário você deve postar o seu conteúdo principal, já os menores você pode variar e trabalhar como for mais conveniente.

CONSIDERAÇÕES FINAIS: o "Admirável Mundo Novo" da Internet

Espero, caro leitor, que tenha percebido como a realidade do mercado como um todo mudou e que não podemos seguir mais as ideias de nossos professores sobre a prática da advocacia.

Infelizmente, os professores universitários ensinam como se fôssemos encontrar a realidade deles quando começaram, não percebem que o mercado mudou, o mundo mudou com a popularização da internet.

Ao longo dos comentários aos artigos e, em especial no capítulo anterior, demonstrei a importância de se usar essa excelente e potente ferramenta que é a internet. Por isso espero que essa obra lhe abra a mente, os olhos para os novos horizontes, para um mundo em que, como disse Mutilo Gun, não será um mundo de especialidades, mas de habilidades; sendo assim não basta dominar bem o saber jurídico, é preciso saber agir no mundo atual, saber usar suas ferramentas e atuar como o mercado exige.

Por isso em um mundo tão digita, em que qualquer conhecimento está a um clique de nosso alcance, nada mais importante que compartilhar seu conhecimento e criar renda com isso. Portanto, volto a repetir, não se trata de abandonar a advocacia, mas explorar todas as dimensões dela, e como não podemos fazer propaganda da advocacia em si, fazemos a propaganda, o marketing de suas atividades periféricas, assim nos posicionamos no mercado da educação digital e da advocacia por consequência.

SOBRE O AUTOR

Sou Marcelo Lucas, nascido em Minas Gerais, graduado em Direito pelo Centro Universitário Novos Horizontes e pós graduado em Direito Processual pela PUC Minas, também possuo licenciatura em Filosofia e formação teológica pelo Seminário Teológico da Igreja Assembleia de Deus. Atuo como professor de Teologia no seminário em que me formei, ministro aulas preparatórias para OAB em meu canal do YouTube (Direito Classe A)[4], atuo como advogado em Belo Horizonte.

Agradeço pela aquisição e peço que avalie nosso livro na Amazon.

---

[4]Conheça nosso canal:
https://www.youtube.com/channel/UCE8ryxmgpC-lyyQ75gf3rYw

www.ingramcontent.com/pod-product-compliance
Lightning Source LLC
Chambersburg PA
CBHW050300220526

45465CB00002B/765